짝사랑

읽을 때마다 당신의삶을 받쳐 줄

2006년 4월 26일 초판 1쇄 인쇄
2006년 5월 1일 초판 1쇄 발행

지은이 · 장용철
그린이 · 정병례
펴낸이 · 박귀늠
펴낸곳 · 도서출판 여시아문
주 간 · 신지건 / 실 장 · 유영일
디자인 · 송화준 / 영 업 · 권태형

등록번호 / 제1 1052호(1995. 3. 2)
ISBN 89-87067-59-9-03810

주소 / 110-030 서울시 종로구 청운동 54번지
전화 / 02)2004-8223(代), 02)2004-8292(영업부)
팩스 / 02)2004-8297

ⓒ 장용철, 정병례
값 9,000원

❖ 잘못된 책은 바꾸어 드립니다.

작대기

힘들 때마다 당신의 삶을 받쳐 줄

글/ 장용철
그림/ 고암 정병례

여시아문

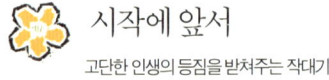

시작에 앞서
고단한 인생의 등짐을 받쳐주는 작대기

작대기를 아시나요?

작대기는 지게를 받치는 도구입니다. 끝이 갈라진 긴 나뭇가지를 다듬어 만든 작대기는 지게와 한 세트이며, 농부의 친근한 벗이기도 합니다. 작대기가 없으면 지게는 별 쓸모가 없어집니다. 무거운 등짐을 진 농부가 잠시 그 짐을 내려놓고 쉴 때, 작대기는 농부를 대신하여 지게를 받쳐줍니다. 또 산길이나 들길을 갈 때 길잡이가 되어주기도 하고, 무료할 때 소리 장단을 맞추는 '악기'가 되어주기도 합니다. 지게가 중요한 만큼, 작대기 또한 중요합니다.

농부는 작대기를 매우 소중하게 생각합니다. 농부의 손에서 길이 잘 들어 까맣게 손때가 묻은 작대기처럼, 고단한 인생길에도 무거운 등짐을 받쳐주는 작대기가 있다면 얼마나 든든할까요.

이 책에 실린 이야기들은 어쩌면 작대기와 같은 것들일지도 모릅니다. 살다보면 누구나 많은 인생의 등짐을 지게 됩니다. 버릴 수도 없고, 끝까지 지고 가기도 벅찬 삶의 등짐들…. 그 짐들을 내려놓고 잠시 쉬고 싶을 때, 후줄근한 등줄기의 땀을 식힐 수 있도록 대신 짐을 받쳐주는 작대기가 있다면, 세상살이는 한결 부드러워질 것입니다. 동서고금의 성현들이나, 이름 없이 살다간 많은 사람들이 작대기처럼 짚다가 남겨놓고 간 이야기들. 헛간 한 구석에 지게와 함께 나란히 받쳐 놓은 작대기처럼 인생의 힘이 되는 '작대기'들을 여기 모아 보았습니다.

이 책의 어떤 꼭지들은 이미 '지하철 법음을 전하는 사람들의 모임'인 "풍경소리" 게시판에 실린 것들도 있고,
또 몇 년 전 출간된 수상집 〈눈은 눈을 보지 못함
같이〉에 실린 것들도 있습니다. 다만 시간이

흘러 느슨해진 것들은 좀더 낫질을 하여 다듬었습니다. 인터넷 바다에서 표류하는 나의 글들 중에도 족보를 분명히 하기 위해 여기 포함시켰습니다.

인생의 모범답안은 없는 듯합니다. 작년에 매화꽃을 피운 매화나무 가지에 올해도 매화가 피지만 그 꽃들은 지난해의 꽃들이 아닙니다. 미소도 그 미소이고 향기도 그 향기이지만 꽃은 그 꽃이 아닙니다. 다만 매화가 매화로 되기까지의 무량한 과거와 다시 매화로 흘러가기 위한 무수한 시간이 그 꽃 속에 강물처럼 잠겨 출렁입니다. 그렇듯 과거와 미래를 다 뭉뚱그려 담고, 오직 한 번밖에 살 수없는 것이 인생살이입니다.

이 책에 그림을 넣어 향기를 더해주신 고암 정병례 선생님, 그분의 칼끝이 이 책의 아름다운 무늬로 빛납니다. 흔쾌히 복 짓기를 마다하지 않은 '여시아문'과의 깊은 인연에도 감사드립니다. 읽을수록 향기 나는 책, 펼칠수록 맛이 깊어지는 책, 이 책의 향기가 사랑하는 모든 사람들의 손끝에서 시들지 않기를 바랍니다. 이 책이 모든 이들의 '매화나무 작대기'였으면 합니다.

2006년 봄 장용철

차례

작대기 1 — 사랑의 상대성 이론
동반자 · 12 / 개에게 우유를 먹이는 법 · 14 / 비둘기 부부 · 16 / 사랑과 배반 · 18
사랑의 유효기간 · 20 / 인간과 동물 · 22 / 사랑의 의미 · 24 / 양면성 · 26
눈은 눈을 보지 못함같이 · 28 / 인생의 일기 · 30 / 물푸레나무 · 32

작대기 2 — 운명보다 무서운 적은…
주문(呪文) · 36 / 독(毒) 이야기 · 38 / 고정관념 · 40 / 간절한 바램 · 42
피카소의 그림 · 44 / 잘못된 노력 · 46 / 여우심(心) · 48 / 개구리 세 마리 · 50
타버린 향나무 · 52 / 밤에만 우는 새야 · 54 / 개미의 습성 · 56
점(點)의 종류 · 58 / 종소리 · 60

작대기 3 — 지금 여기에서의 행복
처음 그것 · 64 / 집 · 66 / 소젖 · 68 / 스님 머리에 핀 꽃기 · 70
소문대로 · 72 / 거문고 줄 고르기 · 74 / 기도의 참뜻 · 76

작대기 4 — 우주에는 칸막이가 없다
칼날을 벼리듯이 · 80 / 'ㄲ'으로 시작되는 8개의 단어 · 82
지렁이는 땅 속이 갑갑하지 않다 · 84 / 우주에는 칸막이가 없다 · 86
안과 밖 · 88 / 행복한 삶 · 90 / 회향 · 92 / 5분 인생 · 94

작대기 5 — 마음밭에 꽃씨 뿌리기

불행 수선법 · 98 / 선과 악의 무게 · 100 / 마음의 그릇에 담아라 · 102
꽃씨 보관법 · 104 / 물과 보약 · 108 / 천국의 의미 · 110 / 우주의 중심 · 112
길잡이의 희생 · 114

작대기 6 — 아름다운 인연, 함께 사는 세상

아름다운 관계 · 118 / 안전거리 · 120 / 살물죄(殺物罪) · 122 / 이산가족 · 124
분노의 계절 · 126 / 다른 사람 · 128 / 적과 동지 · 130 / 창문과 인심 · 132 / 작대기 · 134

작대기 7 — 끝이 좋으면 다 좋다

갑나무의 상처 · 138 / 코코넛나무와 떡갈나무 · 140 / 죄의 크기 · 142
늦게 핀 꽃이 더 큰 열매를 맺는다 · 144 / 새끼 꼬기 · 146 / 믿 음 · 148
쓰러진 거목 · 150 / 우물물의 운반 · 152 / 거북이의 실수 · 154 / 재산을 모으는 법 · 156
산으로 돌아간 개 · 158 / 추장의 선물 · 160

【사랑의 상대성이론】

인생의 여행에서
좋은 동반자를 만나는 것,
진정으로 인생을
아름답게 사는 방법입니다.

 동반자

영국의 한 신문사에서
영국에서도 가장 외진 곳에서 수도인 런던까지
가장 빨리 가는 방법이 무엇인지를 묻는
현상공모를 했습니다.

'비행기를 이용해서', '기차를 이용해서'…
많은 답이 제시되었지만 당선된 작품은
'좋은 동반자와 함께 가는 것'이었습니다.

아무리 오랜 여행일지라도
좋은 동반자와 함께 하는 시간은
행복한 시간입니다.

인생의 여행에서 좋은 동반자를 만나는 것,
진정으로 인생을 아름답게 사는 방법입니다.

당신에게는 늘 함께하고 싶은 동반자가 있나요?
함께 한다면 교통체증이 오히려 달가운 시간이 되는….

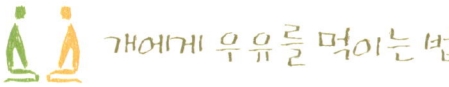
개에게 우유를 먹이는 법

어떤 사람이 개에게 우유가 좋다는 말을 듣고
억지로 붙잡고 앉아
우유를 먹였습니다.
우유를 억지로 먹일 때마다
개는 싫다고 몸부림을 쳤습니다.

그러던 어느 날 개가 실수로 우유통을 넘어뜨려
엎지르고 말았습니다.
그런데 놀랍게도 개가 다시 다가와
우유를 핥아먹는 것이었습니다.
그 사람은 그제서야 개가 우유를 싫어했던 것이 아니라
자신의 방법이 틀렸다는 것을 깨달았습니다.

일방적으로 베푸는 애정은
진정한 사랑이 아닙니다.
내가 원하는 방식이 아닌, 상대가 원하는 방식으로
베풀어주는 것이 진정한 사랑입니다.

사랑은 자기 자신을 기꺼이 내어놓습니다.

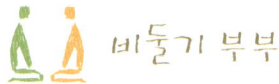 비둘기 부부

한 쌍의 비둘기가 둥지를 틀었습니다.

비둘기 부부는
둥지 속에 열심히 열매를 모았습니다.
둥지 속에 수북이 쌓인 잘 익은 열매는
맑은 날이 계속되자
쪼글쪼글 말라 쭈그러들었습니다.
그래서 부피가 절반으로 줄어들었습니다.

수비둘기는 암비둘기를 의심하였습니다.
"함께 고생해서 모은 열매를 너 혼자 몰래 먹었구나."
의심 끝에 수비둘기는 암비둘기를 쪼아 죽였습니다.

얼마 후 비가 내려
열매에 수분이 스며들면서
줄었던 열매의 부피가 다시 불어났습니다.

수비둘기는 그제서야
자신의 경솔함을 깨닫고 후회하였으나
암비둘기는 이미 죽어버린 뒤였습니다.

사랑은 믿음을 먹고 자랍니다.

 사랑과 배반

암에 걸려 시한부 삶을 사는 남편이 있었습니다.

아내는 절망감에 빠져있는 남편의 곁을
한시도 떠나지 않고 간호했습니다.
"내가 죽더라도 나만 생각하기를 바래."
아내가 고개를 끄덕였지만
남편은 마음을 놓을 수 없었습니다.
"당신은 너무 아름다워서 남자들이 놔두지
않을 것이오. 당신의 아름다운 눈과 코…"

남편을 진정으로 사랑하는 아내는
남편을 안심시키기 위해
한쪽 눈을 멀게 하고 코도 잘라 버렸습니다.
남편과 아내는 끌어안고 하염없이 울었습니다.

그러나 남편은 시간이 지나도 죽지 않고
오히려 건강이 다시 회복되었습니다.

어느 날 남편은 아내를 보고 말했습니다.
"미안하오, 나는 이제
눈도 멀고, 코도 없는 당신이 싫어졌소."

껍데기에 집착한 사랑, 그 끝은
배신이거나 배반입니다.

 사랑의 유효기간

사람들은 누구나 한번쯤
가슴 절절한 사랑을 원합니다.
그러나 사랑의 유효기간이 영원하거나,
불멸인 사랑은 흔치 않습니다.
대부분 시간에 굴복해 버리기 때문이지요.

이성적인 사랑의 유효기간은 지속될 수 있으나,
감성적인 사랑의 유효기간은
대개 2, 3년이면 시들해지게 마련이지요.

결혼한 지 2, 3년이 지나면 부부 사이의 갈등이
고조되는 것도 그 때문입니다.

그러므로 이루어지지 않은 사랑,
불행한 사랑만이
영원한 사랑, 불멸의 사랑으로 기억되기 쉽습니다.

사랑은 만드는 것보다
지켜가는 것이 더 어렵습니다.

지킬 자신이 없다면
사랑은 만들지도 않아야 하겠지만,
인간과 시간을 이해하는
'책임지는 사랑'이 필요합니다.

인간과 동물

인간과 동물의 차이점은
사랑의 행위에서도 구별됩니다.

동물은 오직 생식본능으로
종족보전을 위해서 성행위를 하지만
인간은 군것질하듯 성행위를 합니다.

지나친 인간의 성행위 자체가
잘못된 것은 아닙니다.
잘못된 것이 있다면
성행위는
군것질이 아닌 사랑의 행위여야
아름답다는 데에 있습니다.

사랑이 없으면
세상의 그 무엇도 의미가 없습니다.

 사랑의 의미

'사랑'이란 단어는
'깁는다', '수선하다'라는 말과
같은 의미를 지녔다고 합니다.

종교의 '구원'이 일시에 모든 것을
해결해 주는 '기적'이라면
사랑은 터진 파이프를 때우듯
구멍난 것을 메꿔 주는
'수리'와 같은 행위입니다.

인생은 구원이라는 기적보다
사랑이라는 이름의 수선이 더 필요합니다.

이웃의 문제를 면밀히 관찰하고 필요에 따라
그것을 가위로 오려내고, 붙이고,
실밥을 뜯어내고, 붕대로 감는 것이
진정한 사랑의 모습입니다.

사랑은 최고의 치료약입니다.

양면성

모든 사물에는 양면성이 있습니다.
같은 샘물이라도 젖소가 먹으면 우유가 되고
독사가 먹으면 독이 되듯이
같은 칼도 강도가 잡으면 흉기가 되고
주부가 잡으면 식칼이 됩니다.
같은 혀로 칭찬을 하기도 하고
남을 허물하기도 합니다.

같은 물건도 잘 주면 선물이 되지만
잘못 주면 뇌물이 됩니다.

사물에 밝은 면과 어두운 면이 있듯이
인간의 의식구조에도
긍정적인 면과 부정적인 면이 있습니다.

부정적인 사고를 하면서
좋은 결과가 있기를 바라는 것은

자동차에 후진 기어를 넣고
앞으로 가려는 것과 같습니다.

인생에 전진이 잘 되지 않을 때는
혹시 사고 체계가 '후진 기어' 상태에 있지는 않은지
살펴볼 일입니다.

 눈은 눈을 보지 못함같이

눈은 사물을 보는 감각기관이지만
눈, 그 자체를 보지는 못합니다.

눈은 눈을 보지 못함같이
자기 자신을 바로 보기 위해서는
보여지는 것이 있어야 합니다.

밖으로 멀리 보기만을 애쓰기보다
상대를 통하여 자기 자신을 올바로 보려는
노력이 중요합니다.

팽이가 가장 열심히 돌 때,
오히려 제 자리를 잡고 서듯
인생도 최선을 다하며 살 때
불만의 소리가 밖으로 새어 나오지 않습니다.

사자는 제 몸에 생긴 벌레 때문에 죽고,
쇠는 제 몸에 난 녹 때문에
스러지고 맙니다.

스스로에게 갇히는 것이
세상에서 가장 탈출하기 어려운 감옥입니다.

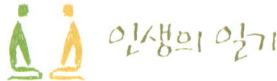 인생의 일기

삼일은 춥고 사일은 따스한
삼한사온의 겨울 날씨처럼
우리들 인생도 그와 같이
행복과 불행이 번갈아 듭니다.

두 가닥이 같은 굵기로 꼬인 새끼줄이
튼실한 것처럼
인생살이도 고통과 기쁨이 엮여야
더욱 건강하고 알차게 됩니다.

흐린 굽이를 돌 때,
맑게 개인 굽이를 생각해야 하고
걸림돌에 넘어지면
땅을 짚고 그 자리에서 일어나야 합니다.

인생의 걸림돌이 곧 성장을 위한 디딤돌입니다.

 물푸레나무

물푸레나무는 아주 단단합니다.
도끼자루나 도리깨 날을 만들 때,
농부들은 주로 물푸레나무를 씁니다.

그러나 이 단단한 나무도 물에 담그면
푸른 물감을 쏟아내며 여려집니다.
그래서 물푸레나무라는 이름이 붙여졌답니다.

겉으로 단단한 것일수록
그 안에는 퍼렇게 뭉쳐둔 아픔이 있다는 것을
물푸레나무를 통해 깨닫습니다.

자신감이 적은 사람일수록
겉으로 무장을 단단히 합니다.

2

【운명보다 무서운 적은…】

우리 마음이 우리를 못살게 굽니다.
운명이 우리를 못살게 구는 것이 아닙니다.

 ## 주문呪文

무슨 소리든 만 번만 외우면
그대로 이루어진다고 합니다.

당신은 지금 무슨 말을 반복하고 있습니까?
"미치겠어"
"미워 죽겠어"
"지긋지긋해"

무슨 소리든 만 번만 반복하십시오.
그것이 곧 주문이 되어
당신의 인생은
그렇게 이루어지고 말 것입니다.

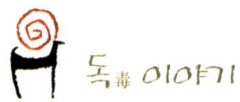
독毒 이야기

뱁새는 아주 작으면서도 성미가 급합니다.
아이들이 잡으려고 쫓아가면
날지 못하고 주저앉아 날개만 파닥이기 일쑤입니다.
이 새는 또 새장 속에 갇히면
대개 하루도 살지 못하고 죽고 맙니다.
달아나려고 하는 조급증 때문이지요.

작은 짐승일수록 성미가 급하거나
무서운 독을 가졌습니다.
전갈, 독사, 지네, 벌, 복어 같은 작은 동물들이
치사량의 독을 품고 있습니다.
비단구렁이나 고래, 코끼리 같은 큰 짐승들이
오히려 느긋하고 독도 없습니다.

성냄이 독을 만듭니다.
육식이 좋지 않다고 하는 이유도
동물들이 죽어가면서 극도의 원망심을 핏속에 품고
죽기 때문이랍니다.

화가 잔뜩 난 사람을 가리켜 독이 올랐다고 합니다.
인간에게도 치사량의 독이 있는 것입니다.
사방이 온통 이빨자국인 시대,
만물의 영장인 인간들이 뿌려놓은 독으로
인간이란 종족 스스로
공멸의 길을 걷고 있습니다.

 고정관념

미국과 멕시코의 국경지대인
서부 캘리포니아의 티화나라는 지역에는
밀수꾼과 밀입국자를 감시하기 위해
언제나 경계가 삼엄합니다.

미국 국경감시원의 눈에
여러 차례 오토바이를 타고 멕시코로 넘어가는
한 남자가 주목받게 되었습니다.

국경감시원의 눈에는
그 남자가 분명 밀수꾼으로 보였으나
좀처럼 물증을 찾을 수 없었습니다.

국경감시원은 도무지 혐의를 잡을 수 없자
하는 수 없이 그를 불러세워 물었습니다.
"당신은 틀림없이 밀수꾼인 것 같지만
그 혐의점을 찾을 수 없으니 실토를 하시오."

밀수꾼은 오토바이를 가리키며 말했습니다.
"그렇소, 나는 밀수꾼이오. 내가 밀수하는 것은
오토바이에 싣고 가는 짐이 아니라
바로 오토바이인 것이오."

고정된 관념으로는
새로운 시각을 가질 수 없습니다.

국경감시원은 밀수의 초점을
오토바이에 실린 짐에만 맞추었지
오토바이 자체가 바뀌는 것은
몰랐던 것입니다.

간절한 바램

"동물의 세계"라는 TV프로그램을 보면
맹수들이 초식동물을 사냥하다가
놓치는 것을 자주 봅니다.
맹수는 한 끼 식사를 위해 사냥을 하지만
초식동물들은 목숨을 건 절박한 질주이기에
잡을 수 없는 것입니다.

무슨 소원이든 간절하게 원하면 이루어집니다.
바램의 가지 수는 많지만
제대로 이루어지는 일이 적은 것은
절실하게 원하지 않기 때문입니다.

천길 벼랑 끝에서
한 발을 더 내딛는 구도자처럼
온몸을 던져 원한다면
이루지 못할 소망이 없습니다.

간절히 구하면
우주가 그 소망을 이루어지기 위해
재정렬합니다.

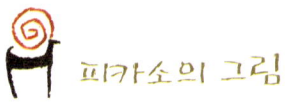# 피카소의 그림

피카소는 주로
추상화를 그린 화가입니다.
그러나 그가 소를 그렸든, 돼지를 그렸든
그것은 자기 자신을 그린 것입니다.

농부가 나뭇단을 예쁘게 묶는 것도
건축가가 훌륭한 집을 짓는 것도
그 성품의 표현입니다.

"심여공화사心如工畵師"라는 말이 있습니다.
세상의 모든 현상은
마음이 그린 그림이라는 것입니다.
보이지도, 잡히지도 않는 마음이
내 인생의 중심이며, 지구의 중심이고,
우주의 중심입니다.

세상의 모든 현상이
마음이 그린 그림입니다.

 잘못된 노력

정신없이 길을 걷는 나그네가 있었습니다.
나그네를 본 노인이 어디를 가느냐고 묻자
나그네는 서울로 가는 길이라고 하였습니다.
서울로 가는 길은 정반대인데
노인은 나그네가 잘못 가고 있는 것이라 생각하여
불러 세웠습니다.
"여보게 젊은이, 서울로 가려면 북쪽으로 가야지,
남쪽으로 그렇게 정신없이 가면 어떻게 하겠는가."
그러나 나그네는 계속 길을 가며
"나는 워낙 부지런하고 열심히 길을 가는 사람이니
결국은 도착할 수 있을 것이오."

잘못된 노력의 결과는 끝내
절망만을 안겨다 줄 뿐입니다.
아무리 성실하게 산다고 하여도
방향이 틀린 인생이라면 아무 의미가 없지요.

당신은 오늘도 당신이 가야 할
인생의 정반대 방향에서 잘못된 노력을
계속하고 있는 것은 아닌지요?

 여우심心

현대인의 병중에 가장 무서운 병의 하나는
'의심병' 입니다.
'의심병' 을 '여우심' 이라고도 합니다.

여우는 의심이 많은 동물이라
뭔가가 나타나면
그 주위를 계속 맴돌며
정체를 파악하려 애씁니다.
현대사회에서 신용을 중시하는 것은
그만큼 사람들에게 의심병이 깊어졌다는 얘기입니다.

보증인을 내세우고, 연대중인까지 세워야만
사람을 믿을 수 있고, 거래가 성사될 수 있는 사회…
사람이 점점 간사한 여우로
퇴화하고 있다는 증거인 것일까요?

의심과 불신을 녹이는 열쇠는 사랑입니다.

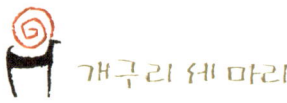# 개구리 세 마리

개구리 세 마리가 우유통에 빠졌습니다.

그 중 한 마리는
이것이 운명이라고 체념하였고,
다른 한 마리는
아무래도 우유통을 벗어날 수 없다고
한숨만 쉬다가 죽어갔습니다.

세 번째 개구리는
우유통에 빠진 현실을 직시하고
코끝을 밖으로 내놓은 채
침착하게 헤엄을 쳤습니다.

그렇게 한참이 지나자 발끝에
무엇인가 닿기 시작하였습니다.
개구리가 휘젓는 동안 우유가 굳어
버터가 되었기 때문입니다.

그렇게 해서 세 번째 개구리는 무사히
우유통을 빠져 나오게 되었습니다.
운명보다 더 무서운 적은
체념이 아닐까요?

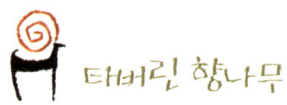
타버린 향나무

장자의 아들이
먼 항해를 마치고 돌아왔습니다.
그는 비싼 향나무를 많이 가지고 왔습니다.

그로부터 수년이 지난 어느 날,
장자의 아들은 향나무를 시장에 내다팔려고 했습니다.
그러나 값이 너무 비싸
사려고 하는 사람이 없었습니다.
옆의 숯장사를 보니
장사를 아주 잘 하고 있었습니다.
그것을 본 장자의 아들은 생각했습니다.
'그렇지, 나도 이 향나무를 숯으로 만들면
잘 팔릴 거야.'

그리하여 장자의 아들은
그 비싸고 아름다운 향나무를
그만 불태워 버렸습니다

오랜 기간 동안 유학을 하여
재능을 연마하고 돌아와서도
눈앞의 이해타산에 마음이 급해
전공과 재능을 살리지 못하고
다른 길을 가는 사람들이 있습니다.

한 번 불태운 향나무는
숯조차 되지 못하는 것처럼
행여 나의 귀중한 경륜을
잘못 소진하고 있는 것은 아닌지
서둘러 살펴볼 일입니다.

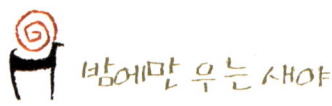
밤에만 우는 새야

인도의 설산에는
'야명조소' 라는 새가 있다고 합니다.
'밤에만 집을 짓겠다고 우는 새' 라는
뜻에서 붙여진 별명입니다.

이 새는 밤이 되면 혹독한 추위를 이기지 못해
내일은 꼭 집을 지어야겠다고 슬피 운다고 합니다.
그러나 날이 밝아 햇살이 빛나면
간밤의 다짐을 까맣게 잊은 채
밤새 얼었던 몸을 녹이며 놀다가
밤이면 다시 후회하며 내일은 꼭
집을 짓겠다고 운다고 합니다.

사람들도 새해가 되면
크고 작은 다짐들을 합니다.
그러나 다시 한 해가 지나 되돌아보면
실천하지 못한 일들이 많아 아쉬움을 토로하곤 합니다.

곤경에 처하게 되면,
이 상황만 극복된다면 열심히 살겠다고 다짐하지만
환경이 변하면 그 어려웠던 상황을 모두 잊고
똑같은 어리석음을 되풀이합니다.
같은 다짐을 두 번, 세 번 반복하는 것은
자신을 이기지 못하는 나약한 의지 때문입니다.

개미의 습성

개미는 원래 부지런한 농사꾼이었답니다.
이 농사꾼은 자기의 수확만으로는 만족하지 못하고
늘 남의 것에까지 손대는 버릇이 있었습니다.
동물의 세계를 관리하는 제우스신은
그의 지나친 욕심에 화가 나서
농부를 그만 개미의 모습으로 바꿔 놓았다고 합니다.

모습은 변했어도 습성은 변하지 않아
개미는 지금도 논밭을 기어 다니며
쉴 새 없이 남이 추수할 이삭을
물어 나릅니다.

습관이 반복되면 업業이 됩니다.
업이 되면 거기에서 빠져나오기가
참으로 어렵습니다.

그러므로 두 번, 세 번 반복되는 일은
하지 않아야 합니다.
그것이 업이 되는 것이니까요.

점點의 종류

얼굴에 커다란 검은 점이 하나 있는 여인이
스승을 찾아왔습니다.
"스승님, 저는 얼굴의 큰 점 때문에 늘 고민인데
이 점이 복점福點인가요, 화점禍點인가요?"

"보살님, 보살님의 점은
보살님이 좋은 일을 많이 하고 살면 복점이요,
나쁜 짓을 많이 하면 화점이 될 것입니다."

본래 복점, 화점이 따로 있는 것이 아니라
어떻게 사느냐에 따라 복점도 되고
화점도 될 것입니다.

같은 조건을 두고도
어떤 관점을 갖느냐에 따라
길흉의 방향이 달라질 수 있습니다.

태양을 향해 줄기를 뻗는 향일성 식물처럼
마음의 줄기도 늘 밝음을 향할 때
운명의 나침반은
행복을 가리킬 것입니다.

 종소리

내연의 남자를 따라 가정을 버리고 떠나려는 여인이
번민 끝에 한 스님을 찾아왔습니다.
"스님, 저는 지금 새로운 인생을 시작하려고 하는데
어쩌면 좋습니까?"

"그렇습니까? 그러면 밖에 나가
종루에 있는 종을 치고
그 소리가 어떻게 들리는지 들어 보고 오십시오."

여인이 가만히 그 소리를 듣고 돌아와
"가거라, 가거라 하고 웁니다"라고 하였습니다.

"그러면 떠나십시오."
여인은 집을 떠난 지 3년 만에
그 남자로부터 버림받고 다시 스님을 찾아왔습니다.
"스님, 저는 이제 어찌하면 좋습니까?"

"다시 법당 밖에 나가 종을 치고
그 소리를 들어 보고 오십시오."

여인이 종소리를 듣고 돌아와
"왜 갔던가, 왜 갔던가 라고 웁니다"라고 대답했습니다.

마음에 따라
각각 다른 답을 가져다주는 종소리…

운명의 길은 마음이 가는 길입니다.

관음

自由

보살이 깊은 반야바라밀다를
행할 때 다섯가지 쌓임이 모두
공한 것을 비추어 보고 모든 괴
로움과 재앙을 건너느니라. 사리불이여, 물질이
공과 다르지 않고 공이 물질과 다르지 않으며, 물
질이 곧 공이요 공이 곧 물질이니, 느낌과 생각과
지어감이 의식도, 또한 그러하
니라. 사리불이여, 이 모든 법
의 공한 모양은 나지도 않고
없어지지도 않으며 더럽지도
않고 깨끗하지 않으며 늘지
도 않고 줄지도 않느니라. 그
러므로, 공 가운데는 물질도
없고 느낌과 생각과 지어감과
의식도 없으며, 눈과 귀와 코
와 혀와 몸과 뜻도 없으며, 빛
과 소리와 냄새와 맛과 부딪침
과도 법도 없으며, 눈의 경계도 없
고 의식의 경계까지도 없으며,
무명도 없고 또한 무명이 다함
도 없으며, 늙고 죽음도 없고
또한 늙고 죽음이 다함까지도
없으며, 괴로움과 괴로움의 원인과 괴로움의 끝
아짐과 괴로움을 없애는 길도 없으며, 지혜도 얻
고 얻음도 없느니라. 얻을 것이 없는 까닭에 보살
은 반야바라밀다를 의지하므로 마음에 걸림이 없
고, 걸림이 없으므로 두려움이 없어서 뒤바뀐
헛된 생각을 아주 떠나 완전한 열반에 들
게 되며 과거와 현재와 미래의 모든 부처님도

doration to the Omniscie
practice in the Perfection
aggregates but observe
Shaariputra, form is voidness a
form is voidness, and t
things have the ch
Therefore,
body or mi
ence of rea
we come to the
extinction of suffer
Depe

3

【지금 여기에서의 행복】

내일, 내일만 외우다가
언제 지금 여기에서
행복과 충족감을
노래할 건가요?

 처음 그것

옛날 어떤 나라에서는
혼기가 다 된 딸들을
옥수수 밭으로 데리고 가서
신부수업을 시켰다고 합니다.

바구니 하나를 들려주고
긴 밭이랑을 돌아오는 동안
가장 크고 잘 익었다고 생각되는
옥수수 하나를 따오면
멋진 신랑감에게 시집을 보내준다고 말합니다.

그러나 밭으로 달려간 처녀들은
대부분 빈 바구니를 들고 돌아옵니다.
혹시나 하는 욕심에 지나치고 또 지나치다보니
결국 빈손으로 나오게 되는 것입니다.

내 분수에 맞는 것,
처음 내 것이라고 생각된 그것이
진정한 "나의 것"입니다.

욕심이 클 수록
만족하는 마음은
거가 작아집니다.

 집

집은 모든 생명들의 보금자리입니다.
대부분 동물들은 평생 한 채의 집을 소유합니다.
물론 낡은 집을 버리고 새 집을 소유하는 것들도 있지만
한꺼번에 여러 채의 집을 소유하지는 않습니다.

대부분의 생명들에게는 집 한 채가 필요하고
그것이 우주의 섭리인 듯합니다.
인간이 살아가는데도 집은 한 채이면 적당할 것입니다.

그러나 인간들은 부질없는 욕망으로
몇 채씩의 집을 소유하려 합니다.
동물들이 알을 낳거나 새끼를 치기 위해
집이 필요한 것처럼
사람 사는 냄새가 나지 않는 집이라면
그 집은 이미 소유의 가치가 없습니다.

가장 큰 집에서 사는 사람은
우주를 자기 집으로 생각하는 사람입니다.

 소젖

한 남자가 손님을 초대해 놓고
무엇을 대접할까 고민하다가
우유를 대접하기로 하였습니다.
그는 지금부터 우유를 짜서 두면
그릇이 부족할 것 같아
손님이 오면 그 때 가서 짜기로 하였습니다.

깊이 생각한 그는
어미소와 새끼소를 따로 매어 놓고
새끼소가 젖을 먹지 못하게 하였습니다.

드디어 초대한 날짜가 되어 손님들이 모여들자
주인은 소젖을 짜기 시작하였습니다.
그러나 한동안 새끼소를 떼어놓은 어미소의 몸에서는
젖이 나오지 않았습니다.

평생 어렵게 모은 큰 재산을
한꺼번에 대학이나 복지단체에 기증하는
훌륭한 분들이 있습니다.

그러나 대부분 사람들은
좋은 일을 나중에 하려고 미루다가
아무 일도 못하곤 합니다.
좋은 일은 필요한 그 때,
상처를 치료하듯 적절히 베풀어야 합니다.

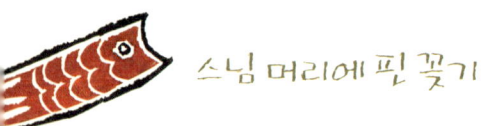

스님 머리에 핀 꽂기

스님 머리에
핀을 꽂을 수 있나요?

세상에는 되는 일이 있는가 하면
안 되는 일도 있습니다.
어차피 안 될 일을 붙잡고 노력하는 것만큼
어리석은 일도 없습니다.

하지만 세상에는 되는 일도 많습니다.
하면 될 일들을 찾아
되도록 노력하는 것이
인생 성공의 비결입니다.

안 되는 일에 힘을 부여할 필요가 있나요?

소문대로

한 무리의 사람들이 방 안에 모여
이런저런 이야기를 하고 있었습니다.
"그 사람은 다 좋은데 화를 잘 내는 것이 흠이야"
"성미만 급하지 않다면 정말 훌륭하고
뛰어난 사람인데 말이야"

방문 앞에서 그 이야기를 듣고 있던
이야기 속의 사람이 방문을 박차고
안으로 들어왔습니다.
그는 다짜고짜 사람들을 때리기 시작했습니다.
"왜 나를 흉보는 것이요, 내 성미가 어떻단 말이요?"

사람들은 잘못을 모르는 그를 향해
역시 소문대로라고 비웃었습니다.

성냄은 억겁億劫의 선善을 태우는 불꽃이라 하였습니다.
한순간의 성남을 못 참아 큰 실수를 저지르고
평생을 후회하는 사람들이 많습니다.

가장 큰 승리는 자기와의 싸움에서 이기는 것입니다.

# 거문고 줄 고르기

부처님이 제자 소냐를 불렀습니다.
좀처럼 공부의 성과가 오르지 않자
조급한 나머지 집으로 돌아가려는 마음을 읽었기 때문입니다.

"소냐, 너는 거문고를 잘 탈 줄 안다지?"
"예, 그렇습니다."

"거문고를 탈 때 줄을 너무 죄거나 너무 느슨하게 하면
소리가 어떻게 나느냐?"
"너무 죄도 안 되고 너무 느슨해도 소리가 나지 않습니다."

부처님께서는 공부도 그와 같이
너무 조급하거나 게으름을 피워도
성과가 없다고 하였습니다.
알맞게 조여야 소리가 나는 거문고처럼.

편견에 치우치지 않고 전체를 올바로 보는 눈,
이것이 세상을 가장 현명하게 사는
중도中道의 길입니다.

기도의 참뜻

수행중인 제자가 부처님께 여쭈었습니다.
"부처님, 바라문들은 하늘을 섬깁니다.
그들은 사람이 목숨을 마치면
하늘에 태어나게도 하고, 지옥에 태어나게도 한답니다.
그들은 또, 악행을 해도 바라문 신에게 기도하면
하늘에 태어나고
선행을 해도 바라문 신에게 기도하지 않으면,
지옥에 떨어진다고 말합니다.
기도를 열심히 하면 정말로 그와 같이 됩니까?"

제자의 질문에 부처님이 대답하였습니다.
"제자여! 여기 깊은 연못에 돌을 던져 놓고
물가에 서서 '돌아 떠올라라, 돌아 떠올라라' 하고
열심히 기도한다면 이 돌이 떠오르겠느냐?"
"아닙니다. 그럴 리 없습니다."

"그렇다. 물에 빠진 돌은 무릎을 걷어올리고 들어가서
건져내는 것이 옳은 방법이며,
그 돌을 아예 물에 집어넣지 않는 것이
더욱 현명한 일인 것이다."

모든 행위에는 결과가 따르기 마련입니다.

무슨 종교를 신봉하고, 무슨 설명으로 위안을 받기보다
그와 같은 잘못을 저지르지 않는 것이 현명한 것입니다.
병에 대한 처방을 기대하기보다는
병에 걸리지 않도록 예방을 하는 것이
올바른 기도의 정신입니다.

4

【 우주에는
칸막이가 없다 】

숨길이 열려 있고 말길이 열려 있는데
어떻게 '닫힌 나'가 있을 수 있습니까?

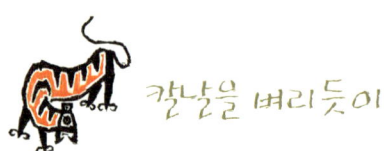 칼날을 벼리듯이

아무리 시퍼렇게 날을 벼린 칼이라도
반복해 사용하다 보면 날이 무디어집니다.

물렁물렁한 두부라도 자꾸 자르다보면
결국엔 그 강한 칼날이 무디어지는 것입니다.

조직이나 집단을 이끌 때에도
정당한 법과 합리적인 이치로 통솔을 해도
그 권위나 가치가 약화될 때가 있습니다.

그러므로 일정한 주기로 칼날을 벼리듯
법과 제도도 새롭게 혁신하는 작업이 필요합니다.
그것이 개혁입니다.

건강한 사람이라도
때로 경락을 건드려주는 것이 필요하듯이
조직이 건강한 생명력을 유지하기 위해서는

일정한 간격으로 긴장감을 유지하는 것이
반드시 필요합니다.

 ## 'ㄲ'으로 시작되는 8개의 단어

성공하려면 'ㄲ'으로 시작되는 말
7개가 필요하다고 합니다.
'꼴'(스타일), '꾀'(두뇌), '끼'(연기),
'끈'(연줄), '꾼'(프로정신), '꿈'(희망)이 그것입니다.
여기서 '깸'(깨달음)이라는 단어가 추가되어야
진정 성공한 인생이 되지 않을까요?

아무리 세상이 혼탁하고
혼탁한 세상 속의 우리들이지만
꿈을 버리지 않고
또 자신의 인과에 대한 깨달음이 있을 때
'ㄲ'으로 시작된 단어들도
멋진 인생을 구가하는 수단과 방편이 될 수 있습니다.

꿈을 버리지 맙시다.
서로가 서로를 살릴 줄 아는
깨우침의 세상을 만듭시다.

문을 열고 나와야 푸른 하늘을 만날 수 있습니다.

# 지렁이는 땅 속이 갑갑하지 않다

갈등의 문제는 대부분
자기중심의 사고에서 발생합니다.
자기중심의 사고로 판단하므로,
가족 갈등, 사회 갈등, 이념 갈등 등
모든 불화가 발생합니다.

개구리는 연못이 운동장이고,
올빼미는 밤이 낮이고,
구더기는 똥이 천국이고,
지렁이는 땅 속이 갑갑하지 않습니다.

때로 상대의 입장에서 헤아릴 때
닫혔던 문도 열리고, 함께 사는 길도 열립니다.

상대의 입장을 헤아릴 줄 알아야
사랑의 문이 열립니다.

 ## 우주에는 칸막이가 없다

통 속 같은 아파트에서 자고
통 속 같은 엘리베이터를 통해
통 속 같은 지하철을 타고
통 속 같은 사무실에서 하루를 보내다가
마침내 통 속 같은 관(棺) 속에 들어가
인생을 마감하는 것이
현대인의 삶의 궤적입니다.

통 속 같은 세상에서 살다 보니
어느새 생각조차 통조림이 된 듯합니다.

이제 관념의 뚜껑을 열고
푸른 하늘을 바라봅시다.

우주에는 칸막이가 없고,
구름의 길에는 가드레일이 없습니다.

마음의 감옥보다 무서운 감옥이 있을까요?

 안과 밖

속생각과 겉행동이 일치하지 않으므로
사물에 대한 판단력이
흐려지기 쉽습니다.
망원경 렌즈의 초점이 틀리면
물체의 거리와 윤곽이 부정확한 것처럼.

안과 밖의 불일치를 조정하려면
한 걸음 양보와
침묵하는 과정이 필요합니다.

신념에 찬 행동은
단순한 사고에서 나오는 것이 아니라
오랫동안 번뇌를 잠재운
수심水深 깊은 마음자리에서 얻어집니다.

행복한 삶

조선시대 숙종 임금이 민심을 파악하려고
민복으로 변장을 하고 저자거리로 나갔을 때의 일입니다.
어느 고래등 같은 관료의 집에 다가가자
인적이 끊어지고 살벌한 기운이 감돌았습니다.
도무지 사람 사는 집 같지가 않았습니다.

그런데 어느 산동네 민가 근처에 가니
방에서 웃음소리가 새어나왔습니다.
사람 사는 냄새가 물씬 풍겼습니다.

숙종이 의아하게 생각하여 안으로 들자
늙은 부모는 아랫목에서 서로 등을 긁어주고 있었고,
아들은 윗목에서 새끼를 꼬고 있었고,
아이들은 등잔불 밑에서 글공부를 하고 있었습니다.

가세는 누추하기 이를 데 없으나 몹시 행복해 보여
숙종이 그 이유를 물었습니다.

그러자 아들이 껄껄 웃으며 대답했습니다.
"빚도 갚고 저축도 하니 이만하면 행복하지 않겠습니까?"

수종이 다시 그 연유를 캐묻자,
'늙은 부모를 모시니 바로 빚 갚는 것이요,
아이들을 탈 없이 키우니 저축하는 것'이라 하였습니다.

진정한 행복은 부귀나 명예에 있는 것이 아니라
평범한 가정의 만족하는 삶에 있음을 보여주는 일화입니다.

 회향

이스라엘에는 두 개의 유명한 호수가 있습니다.
요단강의 원류인 갈릴리호와 사해입니다.
이 두 호수는 같은 지역에 있으면서도
전혀 다른 특성을 가지고 있습니다.

갈릴리호는 물이 깨끗하고 어족이 풍부하며
풍광도 아름다워 관광객의 발길이 끊이지 않아
축복의 땅으로 불리지만,
사해는 물이 오염되고 주변의 수목도 잘 자라지 못해
죽음의 바다로 불립니다.

같은 지역에 위치하면서도 도대체 무엇이
이 두 호수를 극명하게 갈라놓았을까요?

갈릴리호는 주위의 산에서 흘러내린 맑은 물을 받아들이고
그것을 요단강으로 흘려보내기 때문입니다.

그러나 사해는 주위의 물을 받아들이기만 할 뿐
다른 곳으로 흘려보내지 못하기 때문에
썩어 들어가는 것입니다.

지식이든, 사랑이든, 부_富든
받아들이기만 하고 주변으로 회향하지 않는다면
사해처럼 죽어갈 수밖에 없습니다.

5분 인생

러시아의 대문호 도스토예프스키는
28살 때 내란음모로 사형장에 끌려갔습니다.
사형장에 도착하니 형 집행 5분 전이었습니다.

도스토예프스키는 28년 동안 시간을 아껴 쓰지 못하고
허술하게 살아온 자신이 몹시 후회스러웠습니다.
5분 후면 이제 자신이 어디로 갈지 아찔했습니다.

그 때 한 병사가 급히 사면령을 가지고 달려와
그는 죽음의 문턱에서 살아나게 되었습니다.

그 후 그는 시간을 금쪽같이 아껴가며 집필에 몰두하여
'죄와 벌', '카라마조프가의 형제들' 같은
불후의 명작을 남겼습니다.

시간은 모든 것의 원자재입니다.
누구에게나 똑같이 공급되는 이 원지재를 가공하여

자신과 인생에 꼭 필요한 필수품을 만들기도 하고
폐품을 만들기도 합니다.

시간을 지배할 줄 아는 사람이
인생을 지배할 줄 아는 사람입니다.

5 【마음밭에 꽃씨 뿌리기】

불행의 원인을 밖에서만 찾고
불행의 치유법 또한 밖에서만 구한다면
인생의 고장은 결코 완벽히 수리될 수 없습니다.

# 불행 수선법

고장난 물건은
그 물건을 만든 데서 잘 고치듯이
인생의 재앙이나 불행도
그 가족들이나 자신만이 잘 고칠 수 있습니다.

삶이 잘 돌아가지 않을 때의 고장 원인도
언뜻 밖에 있는 듯싶지만
실은 모두 가까운 주변이나
자신이 만든 것입니다.

불행의 원인을 밖에서만 찾고
불행의 치유법 또한 밖에서만 구한다면
인생의 고장은 결코 완벽히 수리될 수 없습니다.

인생의 설계도인 가족관계나
자신의 마음자리부터
닦고, 가꾸고, 튼실하게 개조해야 합니다.

나 자신을 가장 잘 아는 것은 나 자신입니다.

선과 악의 무게

아무리 떳떳하고 완벽하게 살려고 노력해도
자기 혼자서만 독보적으로 살 수 없는
그물망 같은 관계 속에 있으므로
누구나 크고 작은 죄로부터 자유로울 수 없습니다.

그러나 이미 지은 작은 죄에 집착하는 것 또한
현명한 인생이 되지 못합니다.

아무리 작은 돌일지라도 돌은 물에 가라앉지만
큰 배에 실린 돌은
배와 함께 띄우면 물에 뜨는 것처럼
더 큰 선업을 지으면
고해의 바다에 침몰하지 않을 것입니다.

양심과 진실을 버리지 않으면
언젠가는 쓰레기 속에서도 꽃이 피는 법입니다.

우리의 존재를 떠받치는
크고 위대한 힘이 있습니다.

마음의 그릇에 담아라

사람들은 무엇이 되면
거기에 맞추어서 사고하거나 행동하려고 합니다.
목사가 되면 목사처럼, 스님이 되면 스님처럼…

학교나 직장에 들어가면
자기를 거기에 맞게 축소하고 변형시켜
그 틀 속에 넣으려고 합니다.

중요한 것은 자기 자신입니다.
자신의 마음속에 그것들을 넣으면
오히려 자신이 그만큼 커지는 법입니다.
마음속에 모든 것을 넣으십시오.

우주도 담을 수 있는 것이 인간의 마음입니다.

가장 큰 기적은
작은 내 안에도 우주의 섭리가
깃들어 있다는 것입니다.

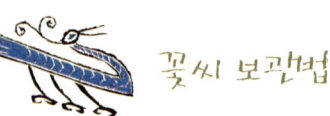
꽃씨 보관법

옛날 어느 현명한 왕에게 세 왕자가 있었습니다.
어느 날 왕은 왕자들을 불러 말했습니다.
"내가 너희들에게 꽃씨 한 줌씩을 줄 터이니
3년 후에 다시 가지고 오너라."

첫째 왕자는 꽃씨를 금고 속에 넣어 두었습니다.
자물쇠까지 채워두었으니
누구도 손대지 못할 것입니다.

둘째 왕자는 꽃씨를 팔아
돈으로 만들어 두었습니다.
3년 후에 꽃씨를 다시 사면 되기 때문이었습니다.

셋째 왕자는 꽃씨를 땅에 뿌려
꽃밭을 만들었습니다.

3년이 지나지 않은 세 왕자들에게
꽃씨를 가져오라고 했습니다.

첫째 왕자는 바싹 마른 꽃씨를 가져왔고,
둘째 왕자는 다른 꽃씨를 사다가
왕에게 바쳤습니다.
그러나 셋째 왕자만은 빈손으로 서 있었습니다.

왕이 물었습니다.
"셋째야, 너는 왜 꽃씨를 가져오지 못하느냐?"

셋째 왕자는 아버지를 모시고
꽃밭으로 갔습니다.
꽃밭에는 향기로운 꽃들이 만발해 있었습니다.
"이것이 아버지의 꽃씨입니다. 한 달만 기다리시면
꽃씨를 수확하여 돌려 드리겠습니다."
물론 왕위는 셋째 아들에게 계승되었습니다.

아이는 하늘이 주신 선물입니다.
내 뜻대로 하기에 앞서
하늘의 뜻을 물어야 할 것입니다.

어린이를 교육하는 방법도 이와 같습니다.
첫째 왕자처럼 '금기 위주의 교육'으로 아이를 기르면
규제 일변도의 경직된 아이를 만들 것이고,
둘째 왕자처럼 '점수 위주의 교육'으로 아이를 기르면
황금만능의 인간으로 키워갈 것입니다.
셋째 왕자의 방법이야말로 '인간성 위주의 교육'으로
개성과 자신감을 잃지 않는
진실한 사람을 만들 것입니다.

 ## 물과 보약

지금 심한 갈증을 느끼고 있는 당신 앞에
물과 보약이 있다면
당신은 무엇을 마시겠습니까?

사람들은 물론, 보약을 귀하게 여깁니다.
당신도 보약이 몸에 좋은 줄은 알지만
갈증을 느끼는 당신에게 지금 필요한 것은
오직 물입니다.

흔들리는 삶의 길에서
자기의 의지대로 행하기보다는
여론에 떠밀려
명분과 체면 때문에
원하지 않는 길을 가는 경우가 종종 있습니다.

자기가 자기의 주인이 되어,
자기 의지대로 행하지 못한다면
삶의 갈증은 해소될 수 없습니다.

천국의 의미

천국이 어디에 있는지 아십니까?

사람들은 천국이 하늘에 있다고들 말합니다.
실제로 천국이 하늘에 있다고 믿어
종말이 오면 선택된 사람들만
'몸 들림 현상(휴거)'이 있을 것이라고
믿는 사람들이 있습니다.

우주 밖에 나가 보면 지구도 하늘에 떠 있습니다.
땅이 곧 하늘이고
지구 또한 아름다운 하늘의 별입니다.
천국과 지옥은 하나이고,
결국 가까이 이 자리에 있는 것을
알 수 있습니다.

마음 극락 이룬 사람이
하늘 극락도 갈 수 있습니다.
가까운 데 못 가는 사람이
먼 곳을 어찌 갈 수 있겠습니까?

# 우주의 중심

히말라야나 킬리만자로처럼
만년설이 쌓인 정상에 올라야만
우주의 신비를 느낄 수 있는 것이 아닙니다.
담장 밑 강아지풀 한 줄기에서도
우주의 신비를 느낄 수 있습니다.

태평양 바닷물을 다 먹어 보아야만
바다가 짠 것을 아는 것이 아닙니다.
동해의 물 한 방울만 찍어 먹어 보아도
바다가 짠 것을 알 수 있습니다.

세상 모든 것들은 우주적 존재이기에
진리를 찾아 반드시 먼 길을 떠날 필요가 없습니다.

지금 내가 머문 이 자리가 바로 우주의 중심이고,
지금 내 곁에서 우는 풀벌레 소리가
우주의 한복판을 울리는 진리의 노래입니다.

모든 것들의 뿌리는 하나이고,
모든 길의 끝은 결국 한 지점이기에,
지금 내가 가는 이 길을 올바로, 끝까지만 간다면
마침내 우주의 중심에 이를 것입니다.

길잡이의 희생

상인들이 먼 나라로 장사를 떠나게 되었습니다.
바다를 건너야 했기 때문에
뱃길을 잘 아는 길잡이를 고용하게 되었습니다.
사막을 지나 바닷가에 이르렀을 때
사람을 죽여 제사를 지내야 하는 신상(神像) 앞을
지나게 되었습니다.

상인들은 머리를 맞대고 의논하였습니다.
"우리는 서로 친분이 두터운 사이이니,
저 길잡이를 제물로 바치도록 합시다."

그리하여 그들은 길잡이를 제물로 바쳤습니다.
그러나 길잡이를 잃은 그들은 바다를 건너다
모조리 빠져 죽게 되었습니다.

우리 사회는 원로가 없다고들 말합니다.
원로들 스스로 자신이 위치를 지키지 못한 탓도 있지만

뒤에 오는 후진들이 현직의 힘만 믿고
원로에 대한 가치를 소홀히 했기 때문입니다.

원로는 귀찮은 잔소리꾼이 아니라
세상의 길을 잘 아는 '길잡이' 입니다.

【아름다운 인연, 함께 사는 세상】
나 혼자만 잘 먹고 잘 입는 것은 진정한 기쁨이 될 수 없습니다.
서로가 서로를 떠받쳐 주는 세상이 아름답습니다.

 아름다운 관계

벌은 꽃에서 꿀을 따지만
꽃에게 상처를 남기지 않습니다.
오히려 꽃이 열매를 맺을 수 있도록
꽃을 도와줍니다.

사람들도 남으로부터
자기가 필요한 것을 취하면서
상처를 남기지 않으면 얼마나 좋을까요.

내 것만 취하기에 급급하여
남에게 상처를 내면
그 상처가 썩어
결국 내가 취할 근원조차 잃어버리고 맙니다.

사람과 사람 사이에도
꽃과 벌 같은 관계가 이루어진다면
이 세상에 삶의 향기가 가득하지 않을까요.

세상에서 가장 배우기 어려운 기술은
사랑을 주고받는 방법입니다.

 안전거리

앞차와의 사이에만 아니라
사람과 사람 사이에도
안전거리가 필요합니다.

자기 욕심에만 어두워 분별심을 잃고
인간관계의 안전거리를 무시하면
돌이킬 수 없는 상처를 남기고
'불행' 이라는 견인차에
견인을 당하게 됩니다.

어린 나무를 심을 때
일정한 간격을 유지하는 것처럼
건강한 인간관계의 지속을 위해서는
함께 지키고 존중해야 할
안전거리가 있습니다.

멀다고 하기엔 가깝고 가깝다고 하기엔 먼 사이가 오래 갑니다.

살물죄 殺物罪

물건도 함부로 죽이면 안 됩니다.
물건도 '생명'이 있습니다.
물건의 수명이 물건의 생존 기간입니다.
물건을 그 수명까지 다 쓰지 않고 버리는 것도
죄가 됩니다.
살물죄殺物罪에 해당합니다.

필요 없는 물건을 충동 구매하여
쓰지도 않고 처박아두거나,
쓰지도 않고 내다버리는 것은
살물죄에 가중치를 더하게 됩니다.

물건을 홀대하면
물건도 주인을 멀리하거나
주인의 소유가 되려 하지 않습니다.
물건을 함부로 버리면
결국 사람도 그 물건으로부터 버림받게 됩니다.

남에게 존중심을 보여야 자신도 존경을 받습니다.
물건도 마찬가지가 아닐까요?

 이산가족

같은 세상에 살면서도
헤어진 후에 다시 못 만나는 인연들은
죽음의 이별과 다를 바 없습니다.
결국 죽음이라는 것도 이별의 시간이 좀 긴 것일 뿐
언젠가 또 다시 만날 사람들인지 모릅니다.

인간은 모두 이산가족들입니다.
죽으면 다른 세상에서 다시 만날
이산가족들입니다.

조상이라는 글자의 '조祖' 자는
'다시 또'라는 뜻의 '차且' 자와
'본다'는 뜻의 '시示' 자로 되어 있습니다.
잠시 이산가족이 되어 떨어져 있다가
죽으면 다시 만날 인연들인 것입니다.

분노의 계절

남의 행복을 시기하다 보면
내 불행을 자초하게 됩니다.

머리가 둘 달린 뱀이 있었습니다.
한쪽 머리는 다른 쪽 머리가 맛있는 것을
늘 먼저 먹는 것이 보기 싫어
그만 독을 먹어 버렸습니다.
다른 머리를 괴롭히기 위해
먹은 독이지만, 결국 한 몸이라
함께 죽고 말았습니다.

내 가족이나 친척, 직장의 동료…
공존의 생활환경을 가진 사람들은
한 몸이면서 서로 다른 사고체계를 가진
공동의 운명체입니다.

상대에게 고통을 주기 위해
극단적인 선택을 하는 것은
공멸의 길을 재촉할 뿐입니다.

# 다른 사람

다른 사람은 안 하는데 왜 나만 해야 하는가.
다른 사람이 하면 나도 하지.
다른 사람보다 내가 먼저 하면 손해라는 생각.
다른 사람이 안 하는데 나만 하면
'모자라는 사람'이라는 생각이
이 세상을 삭막하게 만듭니다.

나도 다른 사람의 입장에서 보면
'다른 사람'입니다.
다른 사람이라는 생각이 확대되어
'님비현상NIBBY-Not In My Back Yard'으로
나타납니다.

다른 문제라고 생각하면서
다른 사람이 먼저 자제해 주기를 바라는
'다른 사람'만이 사는 세상에
'같은 사람'이라는 동업중생同業衆生의

백신이 보급되지 않는다면
이 세상은 정말 위험수위에 도달할 것입니다.

 적과 동지

어떤 어머니가
몸은 하나이지만 머리는 둘인 아이를 낳았습니다.

아이가 한 몸인지 두 몸인지 구별하는
방법은 간단하다고 합니다.
한쪽 머리통을 때렸을 때,
다른 머리가 '아야' 라고 소리치면 한 몸이고,
재미있다는 듯 킥킥대고
웃으면 두 몸이라고 합니다.

하나인 듯하면서도 둘이고
둘인 듯하면서도 하나인 것이
복잡한 인간관계입니다.

남의 불행을 진실로 아파할 줄 아는 사람을 만나기가
왜 이리 어려운 걸까요?

창문과 인심

옛날에는 창문이 대부분
한지韓紙를 바른 창호지문이었습니다.
창호지문은 밝고 환하게 햇살을 여과시키지만
투명하지 않아 안팎의 상황을 볼 수 없습니다.
그래서 기침소리 같은 간접대화로
안팎의 소통이 이루어지곤 했습니다.

오늘날의 집들은 대개가 유리 창문이어서
안과 밖이 투명하게 비치기는 해도
소리는 차단되어 잘 들리지 않습니다.

보이지 않아도 대화가 잘 되었던 과거와
잘 보이면서도 소통이 제대로 이루어지지 않는
오늘날의 세태가
세상인심의 변화를 말해 줍니다.

서로 통하지 않는 세상은 창살없는 감옥입니다.

작대기

작대기는
지게를 받칠 때 쓰는 도구입니다.
끝이 엄지와 집게손가락 사이처럼 갈라져 있어
지게 웃단의 가로막대에 괴어
지게의 하중을 받칠 때 씁니다.

등이 휠 듯 무거운 짐을 지고 가던 농부가
잠시 쉴 때,
또 거친 숲길을 헤쳐 나아갈 때,
작대기는 없어서 안 되는
농부의 친구입니다.

손때 묻은 작대기처럼
인생의 등짐을 지고 허덕이는 이웃을 위해
잠시 그 짐을 받쳐주는 작대기…
'작대기'들이 많이 필요한 세상입니다.

서로가 서로를 받쳐주는 아름다운 세상을
꿈꾸어 봅니다.

7 【끝이 좋으면 다 좋다】

"빨리 빨리" 하는 것만이 능사가 아닙니다.
천천히 하더라도 실한 열매를 맺어야지요.

# 감나무의 상처

감을 수확할 때는
하나씩 따는 것보다
가지째 꺾는 것이 좋습니다.

가지를 꺾으면 우선은 상처가 생기지만
다음 해엔 더 많은 영양이 그 자리에 공급되어
더 많은 새순이 돋고
더 많은 감이 달립니다.

살다가 보면 몸의 일부분이 떨어져나가는
고통을 느낄 때도 있습니다.
그러나 절망하지 않고 그 상처를 보듬는다면
상처가 더욱 굳게 아물어
전보다 더 아름답고 견고한 삶을
살 수 있게 될 것입니다.

비 온 뒤에 땅이 더 굳는 것처럼
시련과 고난이 우리를 더 강하게 해줍니다.

 코코넛나무와 떡갈나무

열대지방에서 자라는 코코넛나무는
생장점이 머리 끝 한 곳에만 있습니다.
그래서 가지를 치지 못하고 외줄기로 자라다가
성장이 멈추면 곧 죽고 맙니다.

우리나라에 흔한 떡갈나무는
생장점이 가지 끝마다 있어서
키는 쉽게 자라지 않지만
몸집을 사방으로 불리면서
수백 년까지 생명력을 유지합니다.

생장점이 하나밖에 없는 외곬보다는
생장점이 여러 개 있는 다양한 체험이
필요할 것입니다.

어쩌다 가지 하나가 부러져도
또 다시 새로운 가지를 뻗는
떡갈나무처럼 말입니다.

 죄의 크기

두 사람의 여인이 부처님 앞에 불려왔습니다.
한 사람은 몸을 파는 거리의 여자였고,
또 한사람은 평범한 주부였습니다.

"그대들은 무슨 죄를 지었는가?"
부처님의 물음에 거리의 여자는
힘없이 고개를 떨구었고,
다른 여인은 의기양양하게 말했습니다.
"저는 작은 죄는 몰라도
큰 죄는 지은 적이 없습니다."

부처님은
몸을 파는 여인에게 멀리 떨어져 있는
바위를 하나 굴려오게 하였습니다.
그리고 죄가 없다는 다른 여인에게는
자갈을 한 소쿠리 담아오게 하였습니다.

부처님께서는 다시 두 사람에게 가져온 돌멩이를
모두 제 자리에 갖다 놓으라고 하였습니다.
바윗돌을 굴려온 여인은 금세 제 자리를 찾았으나
자갈을 주워온 여인은 제 자리를 찾지 못하고
헤매었습니다.

크게 지은 죄는 찾기 쉬워
그 허물을 뉘우치기도 쉽지만
작게 여러 번 지은 죄는 그 허물을 찾기가 어려워
뉘우치기도 쉽지가 않습니다.

작은 악은 벌 없다고 무시하기 쉽지만
작은 것이 쌓여 큰 것이 되므로
그 과보가 무량한 것입니다.

 ## 늦게 핀 꽃이 더 큰 열매를 맺는다

이른 봄
같은 매화나무에 피는 꽃이라도
먼저 핀 꽃은 열매를 잘 맺지 못하고
나중에 핀 꽃이 실한 열매를 맺습니다.

먼저 핀 꽃가지는
벌과 나비의 눈길을 끌고
봄을 재촉하지만,
영양분을 충분히 공급받지 못해
제대로 열매를 맺지 못합니다.

하지만 나중에 핀 꽃가지는
열매를 맺을 조건이 충분히 성숙되어
매화나무의 미래를 기약할
튼실한 열매를 맺게 됩니다.

인생도 이와 같아서
급하게 꽃을 피우려 하면
올바른 열매를 맺기가 어렵습니다.
충분한 경험과 지식과 경륜을 갖춘 뒤
때가 되어 열매를 맺는 인생이
진정 향기롭지 않을까요?

 새끼 꼬기

옛날 한 부자가 연말이 되어
머슴들을 한자리에 모았습니다.
"그동안 수고들 많았다. 이제 세밑도 되어
내가 너희들에게 품삯을 주고
새해부터는 자유의 몸이 되게 할 터이니,
마지막으로 새끼를 더 꼬도록 하여라."

머슴들은 각자 새끼를 꼬았습니다.
어떤 머슴은 마지막까지 일을 시키는 지독한 주인이라고
불평을 하며 되는 대로 새끼를 꼬았고,
어떤 머슴은 주인을 위한 마지막 기회라고 여겨
고마운 생각에 튼실한 새끼를 꼬았습니다.

이튿날 주인은 머슴들에게 각자
자기가 꼰 새끼를 가져오도록 했습니다.
그리고는 각자 자기가 꼰 새끼로
쌀가마니를 묶어 가도록 하였습니다.

무슨 일이든 마무리가 중요합니다.
끝까지 긍정적인 생각을 갖고
최선을 다하는 사람이
결국 행운의 주인공이 됩니다.

 믿음

미국의 샌프란시스코에는
세계적인 명물인 금문교가 있습니다.
세계에서 가장 높고 긴 현수교로 유명합니다.

1930년대에 이 다리가 세워질 당시
기술자들은 공사의 어려움으로 인해
늘 불안해 했습니다.
급기야 다섯 명의 기술자들이
바다로 추락해 사망하는 사고가 발생했습니다.

시공사에서는 인부들의 안전을 위해
공사장 밑에 그물을 깔게 했습니다.
그물을 깔고 난 후 공사가 완공될 때까지
더 이상 큰 사고는 일어나지 않았습니다.

인부들이 마음속에 더 이상 불안한 마음을
갖고 있지 않았기 때문입니다.
교각의 그물보다 마음속의 믿음이 더욱 더
안전한 그물이 되었기 때문입니다.

쓰러진 거목

미국 콜로라도 주의 롱파크 경사진 곳에는
거목의 잔해가 있습니다.
수령 4백 년이 넘는 이 나무는
오랜 생애 동안 14번이나 벼락을 맞았고,
4세기를 사는 동안 수없이 폭풍우를 맞았습니다.

근처의 나무들이 다 쓰러져도
이 나무는 살아남았습니다.

그러나 이 나무도 드디어 쓰러지고 말았습니다.
이 나무가 쓰러진 까닭은
하찮은 딱정벌레 때문이었습니다.
수많은 딱정벌레들이 이 나무의 외피를 뚫고
몸 속 깊숙이까지 침입했던 것입니다.

눈에 얼른 띄지도 않는
전혀 대수롭지 않게 여겼던 딱정벌레들의 공격이
이 거대한 나무를 쓰러뜨렸던 것입니다.

큰 것에만 신경을 쓰다보면
발밑에서 일어나고 있는 작은 일에
큰 고통을 당할 수 있습니다.

우물물의 운반

성에서 오십 리나 떨어진 마을에
맑은 물이 솟는 우물이 있었습니다.
성주는 마을 사람들에게 매일같이
이 물을 길어오도록 하였습니다.

사람들이 먼 길을 오가느라 지쳐 달아나려 하자
마을의 촌장이 사람들을 말리며 말하였습니다.
"기다려 보시오, 내가 내일 성주께 말씀드려
오십 리 길을 삼십 리로 줄여 볼 테니…"

촌장은 성주를 찾아가 부탁했습니다.
"오십 리 길을 삼십 리로 고쳐서
이정표를 세워 주십시오"

마을로 돌아온 촌장은 사람들을 불러놓고 말했습니다.
"오늘부터 성까지의 거리가 삼십 리로 줄었소.

이제 물을 운반하기가 한결 편해질 것이오."
사람들은 좋아하며 물을 운반하였습니다.
"이십 리나 줄어드니 확실히 힘이 덜 드는구나."

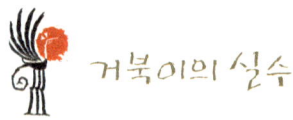# 거북이의 실수

가뭄이 들어 웅덩이의 물이 줄어들자
못 속에 살던 거북이가 위태롭게 되었습니다.

어느 날 못가에 날아왔던 기러기들이
딱한 거북이를 보고는 의논 끝에
두 마리가 긴 막대기를 서로 입에 물고
거북이로 하여금 매달리게 하여
이웃 저수지로 옮겨주기로 했습니다.

거북이는 기러기들에게 매달려
하늘 높이 날아 올려졌습니다.
거북이 일행이 마을 위를 날아가자
이 광경을 본 아이들이
기러기가 거북이를 물고 간다고 소리쳤습니다.

참다못한 거북이는
"아냐, 나는 잡혀가는 게 아니야!"라고 소리쳤습니다.

그러자 눈 깜짝할 사이에 거북이의 운명은
비극으로 끝나고 말았습니다.

직장이나 모임에서
참지 못할 모욕을 당하는 경우가 종종 있습니다.
그 모욕을 참아야 할 뚜렷한 명분이 있다면
때로는 참고 지나가는 것이 현명합니다.
모욕을 인내하지 못함으로 인하여
더 큰 것을 얻지 못하기 때문입니다.

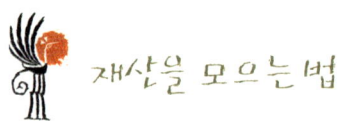# 재산을 모으는 법

가난한 농부가 마을의 부자를 찾아가
부자가 되는 방법을 물었습니다.
부자는 농부를 우물가로 데려가더니
거기에 있는 항아리에 물을 가득 채우라고 했습니다.
열심히 물을 길어 항아리에 부었으나
도무지 물이 괴지 않았습니다.
이상해서 항아리 밑을 들여다보니
밑이 빠져 있었습니다.

농부가 부자를 찾아가 화를 내자
부자는 그러면 내일 다시 우물가로 나오라고 했습니다.
이튿날 우물가로 가니 말짱한 항아리가 있었습니다.
그러나 막상 물을 길으려 하자
이번에는 두레박의 밑이 빠져 있었습니다.
농부는 하는 수 없이 그것으로 물을 긷기 시작했지만
밑 빠진 두레박에 물이 떠질 리 없었습니다.

그러나 두레박에서 한 방울 두 방울 떨어지는 물을
항아리에 받다보니, 마침내 저녁때에는 항아리 가득
물을 채울 수 있었습니다.
부자는 빙그레 웃으며 말했습니다.
"알겠는기? 바로 그것이 내가 부자가 된 비결일세."

과정은 생략된 채 좋은 결과만을 바라는 것은 모순입니다.
투기를 해서 쉽게 큰돈을 벌려는 사행심보다
노력한 만큼 대가를 바라는 방식이 더디기는 해도
안전하게 물질의 고통에서 벗어나는 길입니다.

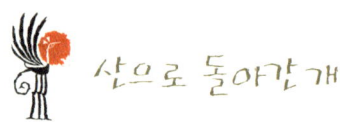

산으로 돌아간 개

폭설이 내려 산 속에서 며칠을 굶주린 들개가
먹이를 찾아 마을로 내려왔습니다.
그 들개는 마을 입구에서 집에서 나온 개를 만났습니다.
잘 먹어서 살이 토실토실 찐 개였습니다.

그 개는 초췌한 들개를 보고
자기와 같이 집으로 가자고 하였습니다.
"나와 함께 가면 우리 집 주인이 주는 밥을 배부르게 먹고
잠도 실컷 잘 수 있다."

너무 배가 고픈 들개는 집개를 따라갔습니다.
몇 발자국 따라가던 들개는 깜짝 놀라 걸음을 되돌렸습니다.
집개의 목에 난 굵은 밧줄 자국을 보았기 때문입니다.

들개는 얼른 걸음을 되돌렸습니다.
"굶어죽을지언정 목에 밧줄을 감고 살지는 않겠다."

생계 때문에, 가족들 때문에
목에 밧줄을 풀지 못하고 힘겹게 살아가는 사람들이 많습니다.

부족하더라도 자기 의지대로 사는
떳떳한 세상이 만들어지기를 소망합니다.

 추장의 선물

아프리카의 어느 원주민 추장이
일본에 초대되었을 때의 일입니다.

고급 호텔에서 지내는 동안
더운 물과 차가운 물이 번갈아 나오는 수도꼭지가
너무나 신기해 보였습니다.
일본을 떠날 때 어떤 선물을 원하느냐고 물었더니
그는 수도꼭지를 달라고 하였습니다.

취수지에서 온 물이 긴 배관을 통하고
다시 보일러를 경유하여
수도꼭지에까지 이르는 과정을 모르는 그는
그저 찬물과 더운 물이 번갈아 나오는
수도꼭지만이 필요했던 것입니다.

커다란 성취 뒤에는 피나는 과정이 숨어 있습니다.

편리한 수도꼭지만을 갖고 싶어하는 원주민 추장처럼
성급히 목적을 달성하려는 '도시의 추장'들이
우리 주위에는 너무 많습니다.

작대기